NOTICE

SUR

BOSSUET ET FÉNELON A VERSAILLES,

PAR J. A. LEROI,

CORRESPONDANT DU MINISTÈRE DE L'INSTRUCTION PUBLIQUE
POUR LES TRAVAUX HISTORIQUES,
ET MEMBRE DE LA SOCIÉTÉ DES SCIENCES MORALES, DES LETTRES ET DES ARTS
DE SEINE-ET-OISE.

———o———

BOSSUET.

En rappelant aujourd'hui les grands noms de Bossuet et de Fénelon, je n'ai pas l'intention de retracer leur vie, et je me permettrais bien moins de juger leurs écrits; mes désirs sont plus modestes, je veux seulement rechercher les époques de leur séjour à Versailles, les lieux qu'ils y habitèrent et les ouvrages qu'ils y composèrent.

Bossuet s'était déjà fait une grande réputation et comme écrivain et comme orateur, lorsqu'en 1669 Louis XIV l'appela à l'évêché de Condom, et l'année suivante le nomma précepteur du dauphin. Bossuet reconnaissant l'impossibilité de se livrer aux soins qu'exigeait son diocèse, et de remplir convenablement les importantes fonctions qu'on venait de lui confier, abandonna son évêché pour être tout entier à l'éducation du fils du roi. La cour habitait alors Saint-Germain, mais le roi faisait fréquemment des voyages à Versailles, et y séjournait souvent plusieurs mois de suite. Le dauphin suivait alors le roi, et Bossuet habitait avec lui le château. Il consacrait tout son temps à son élève et au travail. « Estimé et respecté universellement à la cour, dit l'abbé Le « Dieu, il y vécut sans intrigue et sans autre liaison particulière « que celle qui s'entretient par honnêteté et par politesse. Au mi- « lieu d'un travail continuel, on vit bien qu'il avait raison d'éviter « le grand commerce du monde, et que ses occupations le dispen-

« saient de certaines assiduités des courtisans, où il y a beaucoup
« de temps à perdre. »

Mais, si Bossuet évitait ainsi les sociétés où il n'y a que du temps
à perdre, il n'en recherchait pas moins les hommes d'esprit et de
science au milieu desquels il trouvait délassement et instruction.
On voyait ainsi réunis autour de lui l'abbé de La Broue, l'abbé
Renaudot, l'abbé Fleury, l'abbé de Saint-Luc, l'abbé de Longuerue,
Cordemoy, Pellisson, La Bruyère, Galland, et plus tard Fénelon.
« Pendant toute sa vie, dit l'abbé Le Dieu, et encore l'été de 1703,
« après sa fièvre du mois d'août, il ne parut jamais à la cour, dans
« les promenades publiques, qu'il ne fût environné de l'élite du
« clergé; c'était un bel exemple, surtout à Versailles, où cette
« troupe se faisait remarquer davantage dans le petit parc, dans
« l'allée qu'ils avaient nommée *des Philosophes* (allée du Mail), dans
« l'île Royale (jardin du Roi) et ailleurs. Ce vieillard, vénérable
« par ses cheveux blancs, dont le mérite et la dignité, joints à tant
« de bonté et de douceur lui attiraient les respects des petits et
« des grands dès qu'il se montrait, marchait à la tête, résolvant
« les difficultés qui se proposaient sur la sainte Écriture, expli-
« quant un dogme, traitant un point d'histoire, une question de
« philosophie, avec une politesse charmante; il y avait une entière
« liberté; on y parlait de tout indifféremment et sans contrainte;
« les belles-lettres y étaient honorées par le récit des plus beaux
« endroits des poëtes anciens et modernes; on y lisait aussi des
« discours académiques et autres ouvrages nouveaux. Lui-même, ce
« grand homme, toujours naturel, simple et modeste jusqu'à la fin,
« faisait lire ses propres ouvrages à la compagnie, les soumettait à
« sa censure, et, profitant des avis les plus simples, il faisait faire
« à l'heure même les corrections qu'on demandait. Ainsi fut lue et
« corrigée toute sa *Politique,* dans les promenades de son dernier
« séjour à Versailles, voulant enfin la donner aux pressantes solli-
« citations du public. Telle fut, au milieu des palais et des jardins
« de Louis le Grand, cette académie de sagesse, où présida l'évêque
« de Meaux, comme fit autrefois l'illustre et saint Alcuin, dans la
« célèbre école du palais de Charlemagne. »

Un homme tel que Bossuet, dont le génie embrassait et savait résoudre les questions les plus ardues de la philosophie et de la religion, avait fréquemment besoin de se recueillir dans le silence et le repos, et le château de Louis XIV, incessamment parcouru par cette foule de courtisans et de valets qui l'encombraient de tous côtés, était pour lui un lieu peu propre à la méditation. Aussi, dès les premiers temps des longs séjours de Louis XIV à Versailles, on voit Bossuet habiter un hôtel qu'il devait à la munificence du roi (place Hoche, n° 2).

Outre les réunions et les promenades dans le parc de Versailles, dont je viens de parler, on s'assemblait aussi à jour fixe dans cet hôtel de Bossuet. « On y agita longtemps, dit l'abbé Le Dieu, « toutes les questions de l'ancienne et nouvelle philosophie ; mais « enfin, il lui vint cette bonne pensée de faire entre eux, en com- « mun, une lecture suivie de la sainte Écriture... Chacun avait « en main son exemplaire, l'un l'hébreu, l'autre les Septante, et « ainsi des autres versions anciennes et nouvelles... Chacun rap- « portait les différences des textes et les divers avis des interprètes « sur les difficultés. Le prélat concluait. M. l'abbé Fleury, toujours « présent à l'assemblée, tenait la plume et rédigeait à l'instant les « observations par écrit. Ce travail, devenu considérable par l'assi- « duité qu'on y avait apportée, excita les ecclésiastiques de la cour « les plus habiles à y prendre part. M. Pellisson s'y rendait fort « exact, et bien d'autres de même génie et de même goût. La con- « férence se tint toujours chez M. de Condom ; on en fixa les jours « et les heures ; et il y avait aussi à dîner pour ceux à qui leurs « emplois permettaient de faire au prélat l'honneur de prendre « place à sa table... Mais ces travaux ne suffisaient pas à son zèle, « ajoute encore l'abbé Le Dieu ; c'est ainsi qu'il eut la plus grande « part aux ouvrages de l'abbé Fleury, et particulièrement à ses deux « premiers discours sur l'Histoire ecclésiastique. L'abbé Fleury et « lui avaient leur rendez-vous ordinaire dans le bosquet des Fables « d'Ésope (bosquet de la Reine), qui était alors le seul des jardins « de Versailles qui fût fermé au public, et dont on leur avait donné « une clef. L'abbé Fleury apportait toujours une écritoire et du « papier, pour prendre note de tout ce que lui disait Bossuet sur « le travail qui l'occupait. »

Bossuet ne trouvait de délassement à ses immenses occupations que dans la lecture des auteurs grecs et latins. Il savait par cœur et Virgile et Horace, et récitait avec la même facilité de longues tirades d'Homère. Homère était son poëte favori et l'un des sujets les plus agréables de ses conversations. Un jour que l'évêque d'Autun, Gabriel de La Roquette, paraissait étonné de ses longues citations et de son heureuse mémoire : « Eh ! quelle merveille, ré-« pondit-il, après avoir enseigné tant d'années la grammaire et la « rhétorique? — Comment l'entendez-vous, et où cela ? reprit celui-« ci. — A Saint-Germain et à Versailles, » continua Bossuet.

Bossuet resta attaché au dauphin jusqu'à l'époque où celui-ci épousa Anne-Christine de Bavière, en 1680. Nommé aumônier de la dauphine, l'évêque de Condom ne quitta pas la cour, et en particulier Versailles, qu'il habita presque constamment jusqu'à l'époque de son installation à l'évêché de Meaux (8 février 1682). Tout se préparait pour la grande assemblée du clergé de France de 1681 et 1682. Le roi voulut que l'évêque de Condom y assistât, et Bossuet fut chargé du discours d'ouverture de cette assemblée.

Bossuet, nommé évêque de Meaux, n'en faisait pas moins de nombreux et longs séjours à Versailles, où le retenait fréquemment son service d'aumônier de la dauphine. C'est pendant ces séjours à la cour qu'il fit les oraisons funèbres de la reine en 1683, de la princesse Palatine en 1685, de Le Tellier en 1686, et enfin du prince de Condé en 1687.

Bossuet ne quitta pas un seul instant Versailles pendant la longue et douloureuse maladie à laquelle succomba la dauphine, le 20 avril 1690. Cette mort, qui le laissait sans charge à la cour, ne l'empêcha pas cependant de venir fréquemment à Versailles, car le roi aimait à le voir et à le consulter sur une foule de questions. « Il a passé par ses mains, dit l'abbé Le Dieu, mille affaires « de la cour, sur lesquelles on le voyait travailler à Versailles avec « une grande application et avec un secret impénétrable, dont il « ne gardait aucun mémoire. »

Nommé conseiller d'État et premier aumônier de la duchesse de Bourgogne, en 1697, on le voit plus souvent encore habiter Versailles, et, dans les affaires du protestantisme et du quiétisme, entretenir une longue correspondance avec Leibnitz d'une part, et Rome de l'autre, dont une grande partie est écrite de Versailles.

En 1700, une nouvelle assemblée du clergé ayant lieu à Saint-Germain, Bossuet vient de nouveau faire son séjour à Versailles. On le voit allant, presque tous les jours, à Saint-Germain pour l'assemblée, revenant à Versailles pour assister au conseil, et, pendant les loisirs que lui laissent ses grandes occupations, se renfermer dans son cabinet, et travailler à son livre de la Politique, qui fut un de ses ouvrages favoris de Versailles. Dans le long séjour qu'il fit dans cette ville, en 1700 et 1701, pendant l'assemblée du clergé, et aussi pendant une maladie dangereuse que fit la duchesse de Bourgogne à Marly, Bossuet recommença ses promenades dans le parc; l'abbé Le Dieu raconte une conversation curieuse qui eut lieu dans l'une d'elles. La duchesse de Bourgogne, se trouvant très-mal et craignant de mourir avant l'arrivée de son confesseur jésuite, avait fait appeler le curé de Marly, et l'on venait de rapporter la surprise et le contentement qu'en avait éprouvé la duchesse : « C'est ainsi, dit-on, que les Jésuites les conduisent, en « leur laissant ignorer les premiers éléments de la religion et les « laissant dans une routine de petites dévotions. — J'en ai, ajouta « M. de Meaux, une belle preuve. Je donnais autrefois au roi une « instruction par écrit[1], où le précepte de l'amour de Dieu était « expliqué comme étant le fondement de la vie chrétienne. Le roi « l'ayant lu, dit : « Je n'ai jamais ouï parler de cela ; on ne m'en a « rien dit. »

Vers la fin de cette année 1701, Bossuet commença à ressentir les premiers symptômes de la pierre, et bientôt même il éprouva de si vives douleurs, surtout quand il allait en voiture, qu'il fut obligé de se servir de litière. C'est ainsi qu'il faisait ses voyages de Meaux à Paris, et de Paris à Versailles.

Pendant les dernières années de sa vie Bossuet fut presque constamment dans l'une ou l'autre de ces deux villes, afin d'être à même de recevoir les secours de la médecine dont il avait un si pressant besoin. Duverney, célèbre anatomiste du Jardin du Roi;

---

[1] C'est celle qui a rapport aux relations du roi avec Mme de Montespan.

Dodart, médecin de la princesse de Conti; Fagon, premier médecin de Louis XIV; Mareschal, premier chirurgien du roi; Tournefort, aussi savant médecin qu'excellent botaniste, lui donnaient des soins. Bossuet redoutait beaucoup d'être attaqué de la pierre, et pendant longtemps on lui laissa ignorer la maladie dont il était atteint.

Quoique jusqu'alors les médecins fussent à peu près certains de la présence de la pierre, on ne l'avait cependant pas encore sondé. Mais, les douleurs étant devenues très-vives pendant le mois de mars 1703, on se décida à s'assurer positivement de l'état de la vessie, afin de le préparer à subir une plus grande opération. « Le 1er avril, M. de Meaux, dit l'abbé Le Dieu, fut sondé par « M. Mareschal, en présence de M. de Tournefort; ils ont connu « certainement qu'il avait la pierre, sans le lui déclarer à l'heure « même, mais laissant à la discrétion de l'abbé Bossuet de l'en « avertir en temps et lieu; ce qu'il fit enfin le Jeudi Saint, du « matin, 5 avril 1703, d'où il arriva à M. de Meaux cette aliéna- « tion avec la fièvre marquée à ce jour. » En effet, aussitôt que l'abbé Bossuet eut annoncé à son oncle cette terrible nouvelle, Bossuet fut pris d'un violent accès de fièvre, avec délire, qui ne cessa que sous l'influence d'une forte saignée, que lui firent faire Dodart et Tournefort. « C'est cette frayeur, ajoute l'abbé Le Dieu, « qui a fait prendre la résolution à M. Mareschal et aux médecins, « MM. Dodart, Tournefort, et nommément à M. Fagon, premier « médecin du roi, de ne plus parler à M. de Meaux de le faire « tailler, mais de lui faire espérer sa guérison par les tisanes. »

Du moment que Bossuet eut la certitude de son état, il ne quitta presque plus Versailles. Plusieurs motifs l'y retenaient; d'abord, le désir d'être plus près de ses médecins, et en particulier de Dodart, qu'il affectionnait beaucoup, et surtout pour user de son influence à la cour en faveur de son neveu, qu'il aurait voulu avoir pour successeur dans l'évêché de Meaux.

Malgré son état d'infirmité et la difficulté qu'il éprouvait à marcher, Bossuet n'en continuait pas moins son service auprès de la duchesse de Bourgogne, disait presque tous les jours sa messe aux Récollets, faisait des visites au roi, aux ministres, et travaillait comme à son ordinaire.

Louis XIV aimait peu l'abbé Bossuet, et l'oncle, qui sentait la difficulté de vaincre les répugnances du roi, redoublait ses visites auprès de Mme de Maintenon, du père La Chaise, des ministres, pour assurer la nomination de son neveu. « Chacun, dit encore à « ce propos l'abbé Le Dieu, a remarqué cette suite d'actions de « M. de Meaux pour se montrer et pour faire sa cour; son livre, « présenté au roi (c'était l'instruction pastorale contre Richard-« Simon[1]), et l'audience qu'il en eut le 12 de ce mois (août); sa « visite au père La Chaise le même jour au soir ; son assistance à la « procession de l'Assomption, où il donna un triste spectacle, qui « affligea ses amis, le fit plaindre par les indifférents et moquer « par les vieux de la cour. — « Courage, M. de Meaux, lui disait « Madame, le long du chemin, nous en viendrons à bout! » D'au-« tres : « Ah! le pauvre M. de Meaux! » D'autres : « Il s'en est bien « tiré. » Le plus grand nombre : « Que ne s'en va-t-il mourir chez « lui! mais il veut auparavant placer son neveu et faire un dernier « effort. M. l'évêque d'Amiens, qui est tant des amis de M. de « Meaux, et arrivé ici seulement depuis trois jours, a fait à « M. l'abbé Fleury la confidence de ce bruit, qui se répand ici « sourdement. Quelle misère qu'un homme si sage, si admiré « actuellement à cause de son livre, si admirable par tous les « grands talents qu'il a fait briller dans sa vie, devienne l'entretien « du courtisan malin, faute de savoir prendre son parti, et d'aller « se préparer chez soi à la mort dans la retraite! Qu'il finisse donc « son affaire de l'évêché de Meaux, et que Dieu l'inspire bien sur « le parti unique qu'il est obligé de prendre pour l'édification pu-« blique et sa gloire. »

Tel était le spectacle que Bossuet donnait à Versailles et les propos que ses démarches en ce lieu, dans ce moment, faisaient tenir autour de lui.

Les douleurs de Bossuet continuaient cependant aussi vives qu'à l'ordinaire, et les visites nombreuses qu'il faisait depuis quelques jours l'avaient extrêmement fatigué. Le 23 d'août 1703, il

---

[1] Simon, oratorien, auteur de l'Histoire critique des principaux commentateurs du Nouveau Testament.

resta couché une partie du jour et ne sortit de sa maison que pour se promener quelques instants dans le parc. Le 24, il voulut aller dire la messe aux Récollets, et fut obligé de venir se recoucher. Le 25, jour de la Saint-Louis, il ne put se lever le matin à cause des douleurs qu'il avait éprouvées pendant la nuit; cependant il fit un effort et alla entendre la messe de la paroisse; mais il fut obligé de se coucher en rentrant. Sur les deux heures, la fièvre s'alluma, la tête s'embarrassa, il tomba dans l'assoupissement, et devint étranger à tout ce qui se passait autour de lui. Effrayé de cet état, Dodart, accouru auprès de lui dès les premiers instants, lui fit immédiatement une saignée qui amena un peu de calme. La saignée, renouvelée le lendemain sur l'avis de Dodart, et de Fagon, que Mme de Maintenon avait envoyé, apporta une nouvelle amélioration. Mais dans l'après-midi, la fièvre ayant redoublé avec une force extrême, on n'hésita pas à lui faire prendre le quinquina, qui fit un effet merveilleux et empêcha l'accès de reparaître. Le jour d'après, quand on eut raconté à Bossuet l'état dans lequel il s'était trouvé et *la peine qu'avaient éprouvée ceux qui l'entouraient de le voir sans connaissance, et sans pouvoir penser aux sacrements de l'Église*[1], il fit venir le curé de Versailles, Hébert[2], dans lequel il avait la plus grande confiance, se confessa et ensuite lui dicta son testament, que le curé écrivit près de son lit.

Cette maladie de Bossuet mit en émoi toute la cour. Le roi, Mme de Maintenon, la duchesse de Bourgogne, ne cessèrent d'envoyer à son hôtel s'informer de son état. Tous les grands personnages, les ministres, vinrent lui rendre visite. Le cardinal de Noailles, l'archevêque de Reims firent faire des prières dans leurs diocèses pour le rétablissement de sa santé.

Le 8 septembre, jour de la Nativité, Bossuet, quoique bien faible encore, voulut communier à la chapelle du Grand-Commun. Dès six heures du matin, il s'y fit transporter, et communia des mains du curé de Versailles; mais cet effort pensa renouveler son

---

[1] L'abbé Le Dieu.
[2] Nommé à l'évêché d'Agen l'année suivante.

mal. La cour était alors à Marly. Boudin, médecin du dauphin, Dodart fils et Mareschal, vinrent le voir et furent d'avis d'insister sur le quinquina prescrit par Fagon. Le malaise disparut, et Bossuet se rétablit peu à peu.

Les médecins s'étaient opposés plusieurs fois au départ de Bossuet pour Meaux, et ils voulaient qu'il restât, soit à Paris, soit à Versailles, pour être plus près des secours. On a déjà vu les propos des courtisans sur son séjour à Versailles, mais sa dernière maladie, et la crainte que l'on avait eue de sa mort, avaient encore bien plus effrayé. Mme de Maintenon, surtout, qui voulait éloigner des yeux de Louis XIV tout ce qui pouvait l'affliger, désirait son départ de Versailles. Elle avait fait venir Dodart, qui le raconta à l'abbé Fleury, et, après lui avoir demandé des nouvelles de Bossuet, elle lui dit qu'elle était étonnée de ce qu'il n'était pas encore parti de Versailles; s'il voulait mourir à la cour? On l'engagea donc de tous côtés à retourner à Paris, où on lui dit qu'il serait mieux et plus tranquille.

Les douleurs de Bossuet étaient toujours vives, et de temps à autre il avait quelques ressentiments de fièvre, que l'on calmait par le quinquina. Cependant ses forces reprenaient un peu, et l'on profita de quelques jours de calme pour le transporter à Paris. Le 20 septembre, il monta dans sa litière et il partit de Versailles pour n'y plus revenir.

Bossuet languit encore quelques mois à Paris, et mourut enfin après beaucoup de souffrances, le 12 avril 1704, à quatre heures un quart du matin.

On voit par ce récit que Bossuet habita fréquemment Versailles et qu'il y fit souvent de très-longs séjours. Jamais ce grand génie ne passait un jour sans travailler, et l'on pourrait dire qu'il n'y a peut-être pas un seul de ses ouvrages dont quelques parties n'aient été écrites dans cette ville. Il m'a cependant paru intéressant de rechercher ceux faits plus particulièrement à Versailles, dont j'ai dressé la liste d'après la collection de ses œuvres, sa Vie par l'abbé de Bausset, et les mémoire de l'abbé Le Dieu :

1681. — Exposition de la doctrine de l'Église catholique sur les matières de controverse.

1682. — Traité de la communion sous les deux espèces.
1682. — Défense de la déclaration de l'assemblée du clergé.
1683. — Oraison funèbre de la reine.
1685. — Oraison funèbre de la princesse Palatine.
1686. — Oraison funèbre de Le Tellier.
1687. — Oraison funèbre du prince de Condé.
1688. — La plus grande partie de l'Histoire des variations des églises protestantes.
1692. — Lettre sur l'adoration de la croix.
1699. — Écrit contre Basnage.
1700. — Défense des Variations contre Basnage.
1700 et 1701. — La plus grande partie du livre de la Politique tirée de l'Écriture sainte.
1700. — Version des psaumes, en vers.
1701. — Explication de l'Apocalypse.
1702. — Mémoires pour le roi sur les ordonnances de M. de Péréfixe.
1702. — Instruction pastorale contre Richard Simon.
1703. — Seconde instruction pastorale contre Richard Simon.
1703. — Termine son livre de la défense de la tradition et des saints pères contre Richard Simon.

En plus :

Vingt-neuf lettres dans l'affaire du Quiétisme.

Quatre lettres à Leibnitz sur le projet de réunion entre les catholiques et les protestants d'Allemagne.

Une lettre en réponse à une consultation de Jacques II, roi d'Angleterre.

Une lettre à Brueys.

FÉNELON.

Comme Bossuet, Fénelon fut appelé à la cour pour faire l'éducation d'un prince.

Le duc de Bourgogne, né le 6 août 1682, venait d'atteindre sa septième année; il allait passer aux hommes, et le roi venait de lui donner pour gouverneur le duc de Beauvilliers. Lié d'amitié

avec le marquis de Fénelon, oncle de l'abbé, le duc de Beauvilliers avait apprécié depuis longtemps le mérite du neveu, et il
était devenu son ami le plus intime. Madame de Beauvilliers, la
digne fille de Colbert, partageait les sentiments d'estime et de
confiance de son mari pour Fénelon. Mère de huit filles, elle le
pria de la diriger dans l'accomplissement de ses devoirs mater-
nels, et c'est pour répondre à ce vœu qu'il composa son traité de
l'Éducation des filles.

Gouverneur du duc de Bourgogne, le duc de Beauvilliers n'hésita pas un seul instant sur le choix de celui qui devait le plus
l'aider dans ses fonctions. Nommé le 16 août 1689, dès le 17, il
faisait agréer au roi l'abbé de Fénelon pour précepteur.

Fénelon entra en fonctions au mois de septembre suivant. Il
avait alors trente-huit ans. On sait la liaison qui existait entre les
deux filles de Colbert, mesdames de Beauvilliers et de Chevreuse,
et madame de Maintenon. « Elle dînait de règle, dit Saint-Simon,
« une et quelquefois deux fois la semaine à l'hôtel de Beauvilliers
« ou de Chevreuse [1], entre les deux sœurs et les deux maris, avec
« la clochette sur la table, pour n'avoir point de valets autour
« d'eux et causer sans contrainte. » Elle savait l'amitié de M. de
Beauvilliers pour Fénelon, et elle ne contribua pas peu à disposer
le roi en sa faveur. A peine arrivé à Versailles, Louis XIV lui ac-
corda la permission de *manger à la table du duc de Bourgogne et
de monter dans son carrosse,* distinction dont n'avait pas joui Bossuet, et que l'on doit attribuer à la haute protection de madame
de Maintenon.

Fénelon n'avait point de fortune, et les honneurs dont on l'en-
tourait ne diminuaient en rien ses embarras d'argent. Quelques
jours après son arrivée à Versailles, il écrivait à madame de
Laval :

« J'attends toujours les comptes qui m'apprendront l'état de mes
« affaires. De ce côté-ci, elles ne sont pas trop bonnes; car nous
« voici en un temps (6 octobre) où l'on ne peut éviter de faire des
« provisions. J'ai été obligé de donner pour cela près de cinq cents

---

[1] Rue de la Bibliothèque, à Versailles.

« francs; après quoi il ne me reste plus d'argent, que vingt pis-
« toles pour le courant de toute ma dépense, et je ne sais si je
« pourrai avoir de l'argent de la cour au retour de Fontainebleau.
« Cependant il a fallu que j'aie encore depuis peu donné dix louis
« d'or aux valets de pied du roi pour l'entrée du carrosse, etc. »
Fénelon n'eut donc pas le moyen d'avoir, comme Bossuet, un
hôtel à lui à Versailles, et il dut se contenter de l'appartement
qui lui fut donné au château auprès de celui du duc de Bourgogne.

Il consacra presque tous ses instants à l'éducation du prince.
Absorbé tout entier dans cette éducation, ses moments de repos
se passaient au sein de l'amitié dans les hôtels des ducs de Beauvilliers et de Chevreuse, ou au milieu de cette réunion d'hommes
d'esprit qui entouraient Bossuet, et dont il devint bientôt une des
lumières.

Saint-Simon nous a laissé un portrait du duc de Bourgogne
dans son enfance, et l'on voit d'après ce portrait la peine que dut
avoir Fénelon pour faire de cet enfant « dur, colère jusqu'aux der-
« niers emportements contre les choses inanimées, impétueux avec
« fureur, incapable de souffrir la moindre résistance, même des
« heures et des éléments, sans entrer dans des fougues à faire
« craindre que tout ne se rompît dans son corps; opiniâtre à l'ex-
« cès, passionné pour tous les plaisirs..... souvent farouche, na-
« turellement porté à la cruauté, barbare en raillerie..... » pour
en faire, dis-je, « ce prince affable, doux, humain, modéré, pa-
« tient, modeste, humble et austère pour soi, tout appliqué à ses
« obligations, et les comprenant immenses. »

C'est pour réformer ce caractère terrible que Fénelon fit d'abord
ses *Fables,* et plus tard, lorsque l'instruction du duc de Bourgogne
fut plus avancée, ses *Dialogues.* « Chacune de ces fables, chacun
« de ces dialogues fut composé dans le moment même où l'institu-
« teur le jugeait utile ou nécessaire, pour rappeler à l'élève la
« faute qu'il venait de commettre, et lui inculquer, d'une manière
« plus sensible et plus précise, la leçon qui devait l'instruire [1]. »

---

[1] *Hist. de Fénelon,* par de Bausset.

C'est donc à Versailles, dans le château, que furent écrits les *Fables* et les *Dialogues des morts*.

Le duc de Bourgogne grandissait, et Fénelon voyait avec plaisir se développer en lui les sentiments généreux et la passion pour le bien. Il avait remarqué combien le charme du style et les ingénieuses fictions mythologiques avaient de puissance sur l'esprit et l'imagination du jeune prince. Il pensa alors à écrire, pour le moment où son éducation serait terminée, un livre où, sous cette forme attrayante, lui seraient présentées *les grandes vérités nécessaires pour le gouvernement,* mais surtout pour combattre et éviter *les défauts qu'entraîne bien souvent la puissance souveraine* [1].

Ce fut *le Télémaque.*

Destiné au duc de Bourgogne, cet ouvrage était resté dans les cartons de Fénelon, alors archevêque de Cambrai, lorsqu'en 1698 un de ses gens, qu'il avait chargé de remettre au net son manuscrit, en fit circuler une copie dans quelques sociétés sans en indiquer l'auteur. Ce manuscrit eut un grand succès, et la veuve de Claude Barbin en commença l'impression. Bientôt connu de la cour, et regardé comme une satire du règne de Louis XIV, *le Télémaque* fut saisi, les imprimeurs maltraités, et les mesures les plus sévères furent prises pour anéantir l'ouvrage. Malgré toutes ces précautions, il en parut presque aussitôt une autre édition en Hollande.

Jusque-là on avait ignoré dans le public quel était l'auteur de ce livre; mais on ne tarda pas à savoir qu'il était de Fénelon, et son succès prodigieux ne contribua pas peu à aigrir Louis XIV contre lui.

L'archevêque de Cambrai était déjà tombé dans la disgrâce du roi à cause de l'affaire du Quiétisme, lorsque parut *le Télémaque,* et l'on ne manqua pas de supposer que Fénelon n'avait écrit ce livre que depuis sa disgrâce, et qu'en peignant les vices et la corruption des cours il avait voulu faire le tableau de celle de Louis XIV.

C'est là une supposition démentie par les faits. Écoutons d'abord Fénelon lui-même se défendre de cette accusation. Voici ce

---

[1] Paroles de Fénelon.

qu'il dit à l'occasion du *Télémaque* dans un mémoire écrit de sa main, et qui se trouve à la Bibliothèque impériale : « Pour *Télé-* « *maque,* c'est une narration fabuleuse en forme de poëme hé- « roïque, comme ceux d'Homère et de Virgile, où j'ai mis les « principales actions qui conviennent à un prince que sa naissance « destine à régner. *Je l'ai fait dans un temps où j'étais charmé des* « *marques de confiance et de bonté dont le roi me comblait; il aurait* « *fallu que j'eusse été non-seulement l'homme le plus ingrat, mais en-* « *core le plus insensé, pour y vouloir faire des portraits satiriques et* « *insolents;* j'ai horreur de la seule pensée d'un tel dessein. Il est « vrai que j'ai mis dans ces aventures toutes les vérités nécessaires « pour le gouvernement et tous les défauts qu'on peut avoir dans « la puissance souveraine; mais je n'en ai marqué aucun avec une « affectation qui tende à aucun portrait, ni caractère..... *Je n'ai ja-* « *mais songé qu'à amuser M. le duc de Bourgogne, et à l'instruire en* « *l'amusant, sans vouloir jamais donner cet ouvrage au public.* Tout « le monde sait qu'il ne m'a échappé que par l'infidélité d'un co- « piste; enfin tous les meilleurs serviteurs du roi, qui me connais- « sent, savent quels sont mes principes d'honneur et de religion « sur le roi, sur l'État et sur la patrie; ils savent quelle est ma re- « connaissance vive et tendre pour les bienfaits dont le roi m'a « comblé; d'autres peuvent facilement être plus capables que moi, « mais personne n'a plus de zèle sincère. »

A ces paroles si explicites de Fénelon, qui montrent cet ou- vrage fait *dans un temps où il était charmé des marques de confiance et de bonté dont le roi le comblait,* c'est-à-dire pendant son séjour à Versailles, ajoutons ce fait positif rapporté par l'abbé Le Dieu dans ses Mémoires, que *Fénelon communiqua à Bossuet la pre- mière partie manuscrite du* Télémaque! Or Fénelon fut nommé ar- chevêque de Cambrai en 1695, et, comme c'est de cette année que commença entre eux la lutte qui se termina en 1699 par la défaite de Fénelon, on ne peut admettre qu'il ait pendant ce temps continué à entretenir Bossuet de ses travaux littéraires. Il faut donc reporter cette communication de Fénelon à Bossuet vers les dernières années de son séjour à la cour, c'est-à-dire vers les an- nées 1693 et 1694.

C'est aussi à cette époque que le cardinal de Bausset, dans sa *Vie de Fénelon*, croit qu'a été composé *le Télémaque*.

La connaissance d'un acte notarié passé dans l'année 1693, par Fénelon, que je dois à l'obligeance de M. le Président de la Société des sciences morales de Seine-et-Oise [1], vient encore me confirmer dans cette opinion.

Jusque-là Fénelon n'avait écrit pour l'éducation du duc de Bourgogne que des morceaux détachés et peu longs, ses *Fables* et ses *Dialogues*. Mais aujourd'hui qu'il voulait composer un ouvrage de longue haleine, l'appartement du château dans lequel il avait pu faire ses premiers écrits était-il bien propre à ce nouveau travail? Ne serait-il pas continuellement distrait par le mouvement perpétuel de l'intérieur du palais et par les visites nombreuses qu'il ne pouvait éviter dans ce lieu? C'est ce que pensa sans doute Fénelon et ce qui lui fit chercher un endroit tranquille, et où il pût tout à son aise se retirer pour travailler.

Le couvent des Récollets de Versailles, situé d'abord dans le quartier Notre-Dame, venait d'être transféré dans la rue qui porte encore aujourd'hui son nom. A la place de l'ancien couvent, on avait fait une jolie petite place très-régulière, fort calme, et alors fort bien habitée. C'est là que Fénelon choisit une retraite. On voit en effet, dans l'acte dont je viens de parler, qu'au mois d'octobre 1693, *le nommé Pierre Féodon, maître maçon, loua à messire François de Salaignac, abbé de Fénelon, précepteur de messeigneurs les Enfants de France,* une petite maison, située *place du Petit-Marché* (Petite-Place, n° 1), *pour trois années, à raison de six cents francs par année.* Petite maison en effet, dont le premier et le second étage étaient composés *de deux chambres et un cabinet,* mais suffisante pour le travail, et, comme le dit le bail, *de la consistance de laquelle ledit sieur preneur se contente, disant l'avoir vue et visitée.* Il me paraît évident qu'en louant une maison, fort bien entourée du reste, puisqu'elle communiquait par les derrières à la maison du peintre Lebrun, à l'hôtel de madame de Maintenon et à celui du duc du Maine, située près du château et dans un lieu calme et

---

[1] M. Vatel.

retiré, trop petite pour y loger ses gens et en faire une habitation ordinaire, Fénelon n'avait eu d'autre but que de la transformer en une sorte de cabinet, où il pût tout à son aise se livrer au travail sans craindre les visites et les importuns. Et ne doit-on pas conclure aussi des précautions qu'il prenait pour être isolé, et de l'époque où il les prenait, qu'il voulait se livrer à un travail important et long, et que ce travail devait être son *Télémaque*? C'est ce qui me semble résulter clairement des paroles mêmes de Fénelon, du fait rapporté par l'abbé Le Dieu, et de la connaissance de cet acte.

Fénelon habita donc Versailles depuis l'année 1689 jusqu'en 1695, qu'il fut nommé archevêque de Cambrai, et pendant cet espace de temps il y composa ses *Fables*, ses *Dialogues des morts*, et enfin *le Télémaque*.

Imprimerie impériale. — 1864.